BEI GRIN MACHT SICH IHR WISSEN BEZAHLT

AF167828

- Wir veröffentlichen Ihre Hausarbeit, Bachelor- und Masterarbeit

- Ihr eigenes eBook und Buch - weltweit in allen wichtigen Shops

- Verdienen Sie an jedem Verkauf

Jetzt bei www.GRIN.com hochladen und kostenlos publizieren

Kraftplan für einen jungen Erwachsenen

Allgemeine Trainingslehre und Krafttraining

Tobias Fröhlich

Bibliografische Information der Deutschen Nationalbibliothek:

Die Deutsche Nationalbibliothek verzeichnet diese Publikation in der Deutschen Nationalbibliografie; detaillierte bibliografische Daten sind im Internet über http://dnb.d-nb.de abrufbar.

ISBN: 9783346421913
Dieses Buch ist auch als E-Book erhältlich.

Druck und Bindung: Books on Demand GmbH, Norderstedt Germany
Gedruckt auf säurefreiem Papier aus verantwortungsvollen Quellen

Das vorliegende Werk wurde sorgfältig erarbeitet. Dennoch übernehmen Autoren und Verlag für die Richtigkeit von Angaben, Hinweisen, Links und Ratschlägen sowie eventuelle Druckfehler keine Haftung.

Das Buch bei GRIN: https://www.grin.com/document/1022194

Deutsche Hochschule für
Prävention und Gesundheitsmanagement
Hermann Neuberger Sportschule 3
66123 Saarbrücken

Einsendeaufgabe

Fachmodul: Trainingslehre I

Studiengang: BA Fitnessökonomie

Datum
Präsenzphase: 08.03. - 11.03.2021

Name, Vorname: Fröhlich,Tobias

Semester: **WS 2020**

Inhaltsverzeichnis

1 Diagnose

1.1 Allgemeine und biometrische Parameter

Am Anfang einer jeden Trainingsplanung bzw. Trainingssteuerung wird grundsätzlich ein Eingangsgespräch geführt, das den Nutzen zum genauen Kennenlernen des neuen Kunden hat. Anhand dieses Gespräches werden wichtige Informationen zu den allgemeinen und biometrischen Daten erhoben, sowie der aktuelle Leistungsstand durch einen sportmotorischen Test ermittelt. Ziele des Probanden können oft anhand seines Gesundheitszustandes vermutet werden, da dieser nicht ausreichend ist, werden Motive und Wünsche für das Training berücksichtigt.

Tab. 1: Daten zur Person (eigene Darstellung)

Allgemeine Daten:	
Alter	20 Jahre
Geschlecht	Männlich
Körpergröße	170 cm
Körpergewicht	70 kg
Trainingsmotive	Steigerung des allgemeinen Wohlbefindens, Linderung der Schulterschmerzen, Muskelaufbau, Körperfettreduktion
Berufliche Tätigkeit	Bürojob
Aktuelle sportliche Aktivität	Keine
Vergangene sportliche Aktivität	8 Jahre Fußball im Leistungssport, 5x / Woche jeweils 90 min.
Zeitlicher Verfügungsrahmen	3 x / Woche jeweils 90 min.

Allgemeiner Gesundheitszustand:	
Orthopädische Probleme	Keine
Internistische Probleme	Keine
Ärztliche Behandlungen	Keine
Einnahme von Medikamenten	Keine
Weitere Probleme	Keine

Biometrische Daten:	Systolisch		Diastolisch
Blutdruck	119 mmHg		79 mmHg
Ruhepuls		66 S/min	
Körperfettanteil		19%	
Muskelmasse		57 Kg	

Die männliche Person (Tab. 1) übt täglich einen Bürojob aus, welcher seine körperlichen Aktivitäten zum Teil einschränkt. Folgen aus seiner sitzenden Tätigkeit sind Schmerzen und Verspannungen im Schulterbereich, sowie Mangelgefühle bezüglich seines Wohlbefindens. Dies ist u.a. auf eine zu schwache Muskulatur im Schulter- bzw. Nackenbereich zurückzuführen. Seine Werte des systolischen und diastolischen Blutdruckes genießen einen durchaus positiven Status, da sich diese im optimalen Bereich befinden (Tab. 2). Des Weiteren liegen seine minütlichen Pulsschläge laut Weineck (2003, S.50), mit einer Anzahl von 66 S/min im durchschnittlichen Bereich. Zudem ist laut Callagher et al. im Jahre 2000 festzustellen, dass ein Körperfettanteil von 19% im normalen Bereich einzuordnen ist. Der 20- jährige besitzt leider noch keine Erfahrungen im Kraftsport, woraus sich erschließen lässt, dass er ein Anfänger ist. Zudem ist er vollständig belastbar und kann ohne Bedenken ein Krafttraining durchführen.

Tab.2: Blutdruckklassifikation der American Heart Association (modifiziert nach Mancia et al., 2013,S.1286)

Bewertungsstufen	Systolischer Druck	Diastolischer Druck
Normblutdruck (Normotonie)		
Optimal	unter 120 mmHg	unter 80 mmHg
Normal	unter 130 mmHg	unter 85 mmHg
Hochnormal	130-139 mmHg	85-89 mmHg
Bluthochdruck (arterielle Hypertonie)		
Stufe 1	140-159 mmHg	90-99 mmHg
Stufe 2	160-179 mmHg	100-109 mmHg
Stufe 3	>180 mmHg	>110 mmHg

1.2 Krafttestung

Nachdem die allgemeinen und biometrischen Daten ermittelt werden, ist es nun an der Zeit, passende Trainingsgewichte für die bevorstehenden Übungen, mittels eines Krafttests zu bestimmen. Geeignete Methoden zur Ermittlung der Kraftwerte sind der Maximalkrafttest, der Krafttest nach dem subjektiven Belastungsempfinden und der Mehrwiederholungstest. Da der Proband unerfahren im Kraftsport ist, sind hohe Gewichte welche auf ihn mittels eines Maximalkrafttests wirken sehr gefährlich. Auch der Test nach dem subjektiven Belastungsempfinden ist sehr kritisch zu betrachten, da Schätzungen des jungen Trainierenden stark abfälschen können. Die sportmotorische Krafttestung erfolgt daher durch einen Mehrwiederholungskrafttest mit anschließendem Verfahren nach der ILB-Methode an einem Montagmorgen, da dies die zukünftige Tageszeit der Trainingsdurchführung widerspiegelt und eine annähernd identische Ausgangslage für folgende Re-Tests nach jedem Mesozyklus schafft. Des Weiteren dient eine Diagnostik der aktuellen Leistung, zur Festsetzung eines Vergleichswertes bei Durchführung der folgenden Re-Tests innerhalb der Mesozyklen. Da die Eingewöhnungsphase bereits absolviert worden ist, kann der Trainierende als „Beginner" eingestuft werden. Durch die Phase der Eingewöhnung können die neuen motorischen Abläufe verschiedener Kraftübungen erlernt und gefestigt werden. Nach Eifler (2000), werden durch einen Mehrwiederholungskrafttest nach der ILB-Methode, entsprechend des Trainingsalters, die individuellen Belastungsintensitäten berechnet und somit ein optimales Trainingsgewicht herausgefunden. Das bedeutet, dass mit zunehmenden Trainingsalter, die Belastungsreize angepasst werden und somit eine Leistungssteigerung gesichert, sowie eine Überbelastung ausgeschlossen wird. In Bezug auf das Ziel zum Muskelaufbau des Probanden, ist die Wiederholungsanzahl je Serie von großer Bedeutung. Bereits 1999 wurden Empfehlungen zum sogenannten „Muskelhypertrophietraining" ausgesprochen (Güllich,A.,Schmidtbleicher, D.,S.229), welche einen Wiederholungsbereich von 6-20 Wiederholungen für wirksam bezeichneten und gleichzeitig die Folge einer Muskelerschöpfung mit sich bringt. Unter der „Muskelhypertrophie" wird im sportwissenschaftlichen Bereich eine Verdickung der Muskelfasern nach einem stark überschwelligen Belastungsreiz verstanden, welche die Folge des Muskelaufbaus verbindet. Aus diesem Grund wird am Trainierenden (Tab. 1) dieser Empfehlung nachgegangen und eine Wiederholungsanzahl von 10 Wiederholungen zu je 3 Sätzen festgelegt. Nach der Definition des Wiederholungsbereiches, erwärmt sich der Proband 10 Minuten lang auf dem Laufband um anfänglich seine Kernkörpertemperatur zu erhöhen und eine verbesserte Sauerstoffversorgung herzustellen. Es wurde bereits festgestellt, dass durch die Erwärmung des Körpers, die Leistung der auszuführenden Arbeit erhöht wird (Asmussen, Böje,1945). Anschließend erwärmt er speziell die für die Testsätze beanspruchte Muskulatur. Da als erste Testübung das Bankdrücken bevorsteht, führt der 20- Jährige 2 Aufwärmsätze mit der Langhantel (ohne Gewichte) mit jeweils 20 Wiederholungen durch, um die Gelenkbelastungsfähigkeit, speziell im Schulter- sowie Ellenbogengelenk zu erhöhen. Sobald die Aufwärmphase erledigt worden ist, können die bevorstehenden Testsätze (Tab. 3) nach Einschätzung des Trainers absolviert werden. Die Testübungen dürfen nacheinander durchgeführt werden, wenn der Proband die vorgegebene Wiederholungsanzahl ohne vorhandene Kapazitäten erreicht. Zwischen den Testsätzen hält der Proband die Pausenzeit von jeweils 120 Sekunden ein, um beim Ausführen des folgenden Satzes fokussiert, erholt und mit korrekter Ausführung seine Bestleistung abzurufen.

Tab. 3: Ergebnisse der Krafttestung (eigene Darstellung)

Testübung	Wiederho-lungen/ Satz	1. Testsatz	2. Test-satz	3. Testsatz	Maxi-malge-wicht
Langhantel-Bankdrücken	10	30 Kg	40 Kg	45 Kg	45 Kg
Beinpresse (sitzend)	10	35 Kg	45 Kg	55 Kg	55 Kg
Latzug zur Brust (am Kabelzug)	10	25 Kg	35 Kg	40 Kg	40 Kg
Butterfly (mit Hand-griffen)	10	15 Kg	20 Kg	22,5 Kg	22,5 Kg
Schulterpresse	10	30 Kg	35Kg	40 Kg	40 Kg
Rudern (sitzend am Kabelzug)	10	20 Kg	25 Kg	30Kg	30 Kg
Schulterabduktion (an der Maschine)	10	10 Kg	15 Kg	20 Kg	20 Kg
Rumpfflexion an der Maschine (sitzend)	10	20 Kg	25 Kg	30 Kg	30 Kg

Wie zuvor erwähnt, dienen die Testendergebnisse aus dem Mehrwiederholungstest als Vergleichswert, welche regelmäßig vor jedem neuen Mesozyklus zur gleichen Tageszeit absolviert und dokumentiert werden. Von einer kontinuierlichen Kraftsteigerung darf jedoch niemals vollständig ausgegangen werden, da verschiedene Einflussfaktoren wie die Veränderung des Alters, der Ernährung sowie des mentalen Zustandes einen maßgeblichen Anteil besitzen.

2 Zielsetzung/Prognose

Nachdem die Krafttestung und die Erfassung allgemeiner und biometrischer Daten erfolgte, können anhand von Motiven und den vorhandenen gesundheitlichen Informationen, die Prognose und Ziele des Kunden erläutert werden. Durch die im Makrozyklus (12 Monate) vereinbarte und individuell abgestimmte Trainingsplanung, erwartet der Klient die Erfüllung seiner primären Wünsche, welche Muskelaufbau, Fettreduktion, und die Linderung der Schmerzen im oberen Schulterbereich sind. Innerhalb des 12-monatigen Planes, werden die Ziele nach Reihenfolge exakt definiert. An erster Stelle möchte der „Beginner" seine Schulterschmerzen lindern, was er durch ein muskelaufbauendes Schultertraining bekämpft (Tab.6). Um Fortschritte messen zu können, wird nach der Einschätzung des persönlichen Schmerzempfindens, aber auch der Entwicklung der Kraftwerte bei den Übungen „Schulterabduktion an der Maschine" und „Schulterpresse an der Maschine" vorgegangen. Auf einer Skala von 1-10, wobei 10 der schmerzhafteste Wert ist, gibt er an, dass er derzeit bei 5 liegt. Während des Makrozyklus will er einen Wert von maximal 3 erreichen. Auch die anfänglichen Kraftwerte in den eben genannten Übungen sollen um die Hälfte erhöht werden. An nächster Stelle möchte er seine fettfreie Muskelmasse von 57 Kg auf 60 Kg durch das gezielte Krafttraining steigern. Letztendlich besteht das langfristige Ziel des Körperfettverlustes von 19% auf 12 %.

Tabelle 4: Zielübersicht des Probanden (eigene Darstellung)

Inhalt	Ausmaß		Zeitraum
Linderung der Schulter- und Nackenschmerzen	Schmerzlinderung von Skalenwert 5 auf 3	Schulterpresse: 40 kg auf 60 kg Schulterabduktionsmaschine: 20 kg auf 30 kg	12 Monate
Muskelaufbau	+ 3 kg (Ausgangswert 57 kg)		12 Monate
Fettreduktion	- 7% (Ausgangswert 19%)		12 Monate

3 Trainingsplanung Makrozyklus

Der nächste Schritt des Fünf-Stufen-Modells ist die Trainingsplanung (Makrozyklus). Im vorherigen Schritt der Zielsetzung/Prognose konnten die Wünsche des Kunden erörtert werden. Die erörterten Ziele und Wünsche des Probanden lassen sich nun produktiv mit einem abgestimmten Trainingsplan verbinden. Auf den gewonnenen Daten basierend, kann der Trainingsplan individuell auf ihn abgestimmt werden um somit die Ziele mittel- und langfristig zu erreichen. Verfahren wird nach der Individuellen-Leistungsbild-Methode.

Tabelle 5: Makrozyklusplanung (eigene Darstellung)

	Mesozyklus I	Mesozyklus II	Mesozyklus III	Mesozyklus IV
Zyklusdauer	3 Monate	3 Monate	3 Monate	3 Monate
Trainingsziel	Muskelaufbau	Maximalkraft	Muskelaufbau	Maximalkraft
Trainingseinheiten/Woche	3 Einheiten	3 Einheiten	3 Einheiten	3 Einheiten
Organisationsform	Ganzkörpertraining	Ganzkörpertraining	Ganzkörpertraining	Ganzkörpertraining
Übungen/Muskelgruppe	1-2	1	1-2	1
Sätze/Übung	1	1	2	2
Satzpausen	120 Sek.	360 Sek.	120 Sek.	360 Sek.
Wiederholungszahlen	10	5	8	4
Intensität	50-60%	60-65%	65%	70%
Bewegungstempo	2-0-2(langsam)	2-0-2(langsam)	2-0-2(langsam)	2-0-2(langsam)

Um den Aufbau der Muskulatur des Kunden, sowie eine progressive Steigerung in seinen Übungen zu gewährleisten, werden 4 Mesozyklen zu wechselnden Trainingsmethoden gestaltet. Um die Muskulatur aufzubauen und auf die hohen Lasten eines Maximalkrafttrainings vorzubereiten, steht dem Kunden im anfänglichen Mesozyklus ein Hypertrophietraining bevor. Das Hypertrophietraining dient vorrangig zur Verdickung der langsam kontrahierenden Muskelfasern aber auch zur Verbesserung der Zug- und Reißfestigkeit des Sehnengewebes um ein Verletzungsrisiko bei hoher Belastung zu verringern. Die folgenden Mesozyklen der Maximalkraft dienen grundsätzlich zur Steigerung der Intensität um einen neuen Belastungsreiz zu setzen. Auch „neuromuskuläre Anpasungen" werden durch das Maximalkrafttraining im zweiten und letzten Mesozyklus angestrebt (Froböse, Nellessen & Wilke, 2003). Da die Ziele des Probanden u.a. der Muskelaufbau und die Reduktion des Körperfettgehaltes sind, bilden somit das Muskelhypertrophie- aber auch Maximalkrafttraining, die Grundlage für ein intensiv zielorientiertes Krafttraining (Rupp,2019).

Der Proband führt 3x pro Woche ein Ganzkörpertraining durch, welches in den zeitlichen Rahmen mit jeweils 90 Minuten hineinpasst. Um das Ziel des Muskelaufbaus zu erreichen, ist eine Belastungshäufigkeit von 2-3 Einheiten pro Woche empfehlenswert, da laut Wirth et. al (2007) nachgewiesen wurde, dass eine höhere Wahrscheinlichkeit des Muskelwachstums bestehe als bei einer Einheit pro Woche. Des Weiteren ist es durchaus sinnvoll ein Ganzkörpertraining 3x pro Woche durchzuführen, um den Muskeln eine ausreichende Regeneration zu bieten. Im Hinblick auf den Leistungsstand wird der Trainierende im Sinne der ILB-Methode unter „Beginner" eingestuft und eine Belastungsintensität von 50-70% durchgeführt, welche mit zunehmenden Trainingsalter an Intensität zunimmt (Tab. 7). Um jedoch im Mesozyklus eine progressive Leistungssteigerung zu erreichen, soll abschließend zu jedem Mesozyklus, eine Krafttestung durchgeführt werden, um den aktuellen Leistungsstand zu ermitteln.

Tabelle 6: ILB- Methode Grobraster (modifiziert nach Kempf & Strack, 2001, S.40-41)

Leistungsstufe	Trainingszeit in Monaten	Trainings- system	Trainings häufigkeit/ Woche	Übungen /Muskel- gruppe	Serien/ Übung	Wieder- holungen	Intensität
Beginner	0-6	Ganzkör- pertraining	2	1-2	1-2	Abhängigkeit vom Trainings- effekt	50-70%
Geübter	6-12	GK oder 2er Split	2-3	2	2	Abhängigkeit vom Trainings- effekt	60-80%
Fortgeschrit- tener	12-36	2er Split	3-4	2-3	2-3	Abhängigkeit vom Trainings- effekt	70-90%
Trainierter oder Leis- tungs- stufe	36 und mehr	2er oder 3er Split	4-6	2-4	3-4	Abhängigkeit vom Trainings effekt	80-100%

Da der Proband ein Anfänger im gesundheitsorientierten Kraftsport ist, werden die für sein Training benötigten Übungen, verstärkt durch Maschinen geführt und mit wenig koordinellen Aufwand bewältigt. Bei der Bestimmung der Übungs- und Satzanzahl pro Muskelgruppe innerhalb einer Trainingseinheit, wurde sich nach dem Grobraster (Tab. 7) gerichtet, um eine mögliche Überlastung zu vermeiden und die Trainingseinheit möglichst effektiv in diesen 90 Minuten zu nutzen. Ein weiterer Beleg nicht mit zu hohen Trainingsvolumen zu trainieren und stetiges Muskelversagen zu vermeiden, gibt Ahtianien (2006, S.77), da die muskelaufbauenden Prozesse hierbei gestört werden. Zwischen den Übungen wird eine Satzpausenzeit von 120 Sekunden während des Zyklus der Muskelhypertrophie, aber auch 360 Sekunden innerhalb des Maximalkraftzyklus festgelegt, um der beanspruchten Muskulatur eine Erholungspause zu ermöglichen und auf die bevorstehenden Sätze vorzubereiten, da mit einer Intensität von etwa 60% gearbeitet wurde (Güllich und Schmidtbleicher, 1999, S.229, S.230). Aus den bestehenden Pausenzeiten lässt sich nun erschließen, dass mit zunehmender Belastung, auch die Pausenzeit erweitert werden sollte. Um die Begründung der Belastungsparameter des Makrozyklus abzuschließen, ist festzustellen, dass eine langsame, kontrollierte und ohne Schwung ausgeführte Wiederholung, laut Froböse (1996), eine deutlich effektivere Muskelzellverdickung bewirkt.

Das genaue Tempo der auszuführenden Bewegung wurde daher auf 2 Sekunden exzentrisch und 2 Sekunden konzentrisch festgelegt. Der Muskel besitzt daher eine gesamte Spannungszeit von 4 Sekunden ohne Pause.

Als Organisationsform wird das Ganzkörpertraining gewählt, um zeitlich und qualitativ sinnvoll zu trainieren. Der Grund liegt darin, hinsichtlich des zeitlichen Verfügungsrahmens des Kunden, effektiv und zeitsparend, seine muskulär bedingten Schulterschmerzen zu lindern aber auch Muskeln aufzubauen und seinen Körperfettanteil von 19% zu mindern. Im Sinne des Ganzkörpertrainings wird dem Probanden ermöglicht, 3 mal wöchentlich zu trainieren. Es wird daher ein regelmäßiger Trainingsreiz im überschwelligen Bereich gesetzt, bei dem positive Anpassungsprozesse der Muskelfasern mit großer Wahrscheinlichkeit gesichert werden.

Aufgrund einer Steigerung der Intensitäten nach jedem Hypertrophie- sowie Maximalkraftmesozyklus, wird sich nach einer linearen Periodisierung gerichtet, der sogenannten linearen Blockperiodisierung. Charakterisiert wird die lineare Periodisierung durch die Steigerung der Intensität trotz Verringerung der Wiederholungen. Für eine Intensitätserhöhung wird zusätzlich durch die Steigerung der Satzanzahl, ab dem 2. Muskelhypertrophie- und Maximalkraftzyklus gesorgt. Diese Variante der Periodisierung hat sich bereits als sehr nützlich, bezüglich der Kraftsteigerung erwiesen (Prestes, De Lima, Frollini, Donatto & Conte, 2009). Um die Kraftwerte um 50% zu steigern und Muskeln aufzubauen, ist die Blockperiodisierung daher für den „Trainingsbeginner" optimal geeignet.

4   Trainingsplanung Mesozyklus

Tabelle 7: Darstellung Mesozyklus (eigene Darstellung)

1. Mesozyklus: Muskelhypertrophietraining			
Trainingsziel/ Dauer	1. Hypertrophie (3 Wochen)	2. Hypertrophie (3 Wochen)	3. Hypertrophie (3 Wochen	4. Hypertrophie (3 Wochen)
Intensität	50%	55%	55%	60%

Einheiten/Woche	3
Organisationsform	GK
Übungen/Muskel	1-2
Sätze/Übung	2
Wiederholungen	10
Satzpausen	120 Sek.
Bewegungstempo	2-0-2 (langsam)
Übungsauswahl	Beinpresse (sitzend)
	Langhantelbankdrücken
	Latzug zur Brust (am Kabelzug)
	Butterfly (mit Handgriffen)
	Schulterpresse
	Rudern (sitzend am Kabelzug)
	Schulterabduktion an der Maschine
	Rumpfflexion an der Maschine (sitzend)

Der dargestellte Mesozyklus beinhaltetet das Ziel des Muskelaufbaus anhand der Methode des Muskelhypertrophietrainings. Innerhalb der Darstellung liegen 4 Mikrozyklen zu jeweils 3 Wochen vor. Um bei der Krafttestung nach diesem Mesozyklus bestmögliche Ergebnisse zu erreichen, wird beim fortschreiten der Mikrozyklen die Intensität gesteigert. Da der Kunde bereits als „Beginner" eingestuft wurde, lag der Trainingsschwerpunkt auf dem Maschinentraining, welche den Probanden im Bewegungsablauf der Übungen führen sollte, der Proband die Bewegung schnell erlernt, sowie gleichzeitig das Verletzungsrisiko verringert wird (Kraemer & Fry, 1995, S.118). Doch um den Kunden langsam an koordinativ anspruchsvolle Übungen heranzuführen beinhaltet der Mesozyklus eine Freihantelübung, welche das Bankdrücken mit der Langhantel war. Doch auch Übungen am Seilzug werden durchgeführt um eine Monotonie des Trainings zu vermeiden und somit die Motivation des Kunden aufrechtzuerhalten. Da zudem ein Ganzkörpertraining dreimal pro Woche stattfindet, werden vermehrt mehrgelenkige Übungen ausgeführt um   Zeit zu sparen und die intermuskuläre Koordination zu fördern. Des weiteren werden bei mehrgelenkigen Übungen mehr Muskeln angesprochen, wobei die Belastungshäufigkeit pro Muskel höher ist als eingelenkige bzw. isolierte Übungen. Anfänglich wird die größte Muskelgruppe trainiert. Da die Beinmuskulatur die größte Muskelpartie ist, führt er als Erstes die Übung „Beinpresse" durch, da diese dementsprechend die meiste Energie verbraucht (Kraemer & Ratamess, 2004, S.676). Um sein sekundäres Ziel des Körperfettverlustes zu erreichen, ist es somit wichtig ein hohes Energielevel zu erreichen. Ein weiterer Grund für die Entscheidung der Beinpresse liegt in der Auswahl des Krafttrainingsgerätes, da Geräte welche durch Maschinen geführt werden die effektivsten sind (Geiger, 2003, S. 63). Es finden u.a. eine Hüftstreckung, Kniestreckung, Kniebeugung und eine Sprunggelenkstabilisation statt. Die Muskelbeteiligung liegt vor allem beim vierköpfigen Oberschenkelmuskel. Als nächstes wird das „Langhantelbankdrücken" durchgeführt, welches ziemlich am Anfang stattfand, da diese koordantiver als alle anderen Übungen ist. Beim „Bankdrücken" mit der Langhantel wird primär der große Brustmuskel, der vordere Deltamuskel und der dreiköpfige Oberarmmuskel beansprucht. Aufgrund der muskulären Schulterschmerzen des Probanden ist diese Übung vorteilhaft, da der vordere Teil der Schulter effektiv trainiert wird. Um den Brustmuskel etwas zu entlasten, führt der Kunde an dritter Stelle das „Latziehen zur Brust" durch, wobei eine Beteiligung des oberen und unteren Trapezmuskels aber auch der große Rundmuskel, breite Rückenmuskel, zweiköpfige Oberarmmuskel, Oberarmspeichenmuskel und der hintere Deltamuskel mitwirken. Um wieder auf das Ziel der Schmerzlinderung im Schulterbereich einzugehen, empfiehlt sich diese Übung da wiederholt der Deltamuskel trainiert wird, speziell im hinteren Bereich. Um sich eine schonende und optimale Körperhaltung anzutrainieren, wird dies durch die beteiligten Trapezmuskeln gefördert. Nach der kurzen Entlastung des Brustmuskels, folgt die nächste Übung, welche eine hohe Belastung der Brustmuskelfasern versprach, es steht die Übung „Butterfly mit Handgriffen" an. Grundlegend dient diese Übung vorallem zur Kontraktion der Brustmuskelfasern, jedoch wirken auch die Muskelfasern der vorderen Schultern als Synergist, da beide Skelettmuskeln die ähnliche anatomische Funktionsweise verfolgen. Um neben einer Druckvariante den Brustmuskel zu kontrahieren, wurde sich ergänzend für die isolierte Variante entschieden, bei der die beiden Ellbogen von außen vor den Körper geführt werden. Um die drückenden Übungen abgedeckt zu haben folgt eine horizontale Druckübung „die Schulterpresse". Ziel dieser Übung ist, den vorderen und mittleren Deltamuskel und den dreiköpfigen Oberarmmuskel zu aktivieren. Da neben dem horizontalen „Latzug" eine frontale Variation durch das „aufrechte Rudern am Kabelzug" durchgeführt wird, können somit die bei der horizontalen Variante vernachlässigten Rautenmuskeln und die querverlaufenden mittleren Trapezmuskeln zusätzlich beansprucht werden. Da der vordere und hintere Deltamuskel ausreichend belastet wird, folgt letztlich eine „Abduktionsübung" für den lateralen Schulterkopf um diesen nicht auszuschließen und die Schmerzlinderung im Schulterbereich mit Beteiligung aller Schulterköpfe zu erreichen, es handelt sich hierbei um die „beidarmige Schulterabduktion an der Maschine". Primär wirken bei dieser Übung der mittlere Deltamuskel, der Obergrätenmuskel und der obere bzw. Absteigende Anteil des Deltamuskels mit. Um die Übungsauswahl des Ganzkörpertrainings des Probanden abzuschließen, soll zuletzt die Bauchmuskulatur mittels einer „Rumpfflexionsmaschine" gestärkt werden. Diese Übung wird ausgewählt um zunächst die 4 Bewegungssegmente des geraden Bauchmuskels, den äußeren und inneren schrägen Bauchmuskel, den querlaufenden Bauchmuskel und auch den Lendendarmbeinmuskel zu verbessern. Da der Proband einen sitzenden Beruf ausübt, wurden neben einer primären Beteiligung des dreiköpfigen Deltamuskels und des oberen Trapezmuskels, die Rücken- und Bauchmuskulatur trainiert um eine aufrechte Haltung zu erreichen.

5 Literaturrecherche

5.1 Studie 1

Tab. 8: Auswertung der Studie 1 „Results of a 10 week community based strength and balance training programme to reduce fall risk factors: a randomised controlled trial in 65-75 year old women with osteoporosis" (eigene Darstellung)

Autoren	Carter, N.D., Khan, K.M., Petit, M.A., Heinonen, A., Waterman, C., Donaldson, M.G., Janssen, P.A., Mallinson, A., Riddell, L., Kruse, K., Prior, J. C., Flicker, L., Mc Kay, H. A.
Jahr	2001
Forschungsfrage	Wie wirksam ist eine gemeindebasiertes 10 -wöchige Bewegungsintervention zur Reduktion von Sturzrisikofaktoren bei Frauen mit Osteoporose?

Versuchsperso-nen/Versuchsaufbau	Trainingsgruppe: 39 Teilnehmer Kontrollgruppe: 40 Teilnehmer Die Gesamtanzahl der Teilnehmer stand für die Durchführung der Studie 10 Wochen zur Verfügung. Gemessen wurden das statische Gleichgewicht anhand einer Testung durch eine computergestützten dynamischen Posturographie. Ebenso wurde das dynamische Gleichgewicht mithilfe eines Achterlaufs mit Zeiterfassung gemessen, die Kniestreckkraft durch eine Dynamometrie. Die Zuteilung der Probanden erfolgte in eine Kontrollgruppe oder in die Gruppe der Trainierenden. Die Trainierenden absolvierten einen zweimal wöchentlichen Osteofitkurs.
Ergebnisse und Schlussfolgerungen	Bezugnehmend auf die Veränderung der Kontrollgruppe, wurden Leistungssteigerungen der Trainierenden beim statischen Gleichgewicht um 2,3%, beim dynamischen Gleichgewicht um 1,9% und bei der Kraft der Kniestreckung um 13,9%. Die Schlussfolgerung lautet, dass eine 10 -wöchige Sportintervention die Sturzrisikofaktoren bei Frauen, welche Osteoporose besitzen, nicht erheblich vermindert. Laut der Andeutungen der geringen Steigerungen der Trainierenden, lässt sich darauf hindeuten, dass eine aussagekräftigere Studie, signifikantere Steigerungen der Variablen auf einem Niveau erreichen kann und sich somit eine Reduzierung der Sturzrisikofaktoren ergibt.

5.2 Studie 2

Tab. 9: Auswertung der Studie 2 „Strength Training in Postmenopausal women with Osteoporosis or Osteopenia" (eigene Darstellung)

Autoren	Mosti, Mats P.; Kaehler, Nils; Stunes, Astrid K.; Hoff, Jan; Syversen, Unni
Jahr	2013
Forschungsfrage	Wird mithilfe eines 12 -wöchigen Maximalkrafttrainings das Wiederholungsmaximum und die Kraftentwicklungsrate bei der Übung „Kniebeuge" gesteigert und verbessert sich daher die Knochenmineraldichte, der Kochenstoffwechsel und der Knochenmineralgehalt?
Versuchspersonen/ Versuchsaufbau	Trainingsgruppe: 10 Kontrollgruppe: 11 Die Trainingsgruppe absolvierte 3 mal wöchentlich ein Kniebeugemaximalkrafttraining 12 Wochen lang. Das Training wurde stets kontrolliert und die Werte der Maximalkraftwiederholung, Kraftentwicklungsrate, Knochenmineraldichte, Knochenmineralgehalt und des Knochenstoffwechsels erfasst.
Ergebnisse und Schlussfolgerungen	Bei der Trainingsgruppe konnte eine deutliche Verbesserung der Maximalkraft (154%) und der Kraftentwicklungsrate (52%) festgestellt werden. Innerhalb der Lendenwirbelsäule ergab sich eine Erhöhung des Knochenmineralgehaltes um 2,9% und im Oberschenkelhals um 4,9%.

Das Verhältnis der aufbauenden Kollagenen Fasern Typ 1 zu den Kollagenen Fasern Typ 1 C stieg um 0,09 % an. Laut Mosti, Kaehler, Stunes, Hoff und Syversen, liege dies vorallem an der Knochenbildungsstimulation. Schlussfolgernd lässt sich sagen, dass das Maximalkrafttraining bei Frauen welche unter Osteoporose bzw. Osteoponie leiden, positive Auswirkungen auf die Maximalkraftwiederholung und die Rate der Kraftentwicklung hat, sowie Knochenmineralisierung, Dichte und Knochenstoffwoffwechsel. Somit erweist sich ein Maximalkrafttraining als äußerst sinnvoll für Menschen welche an Osteoporose leiden.

6   Literaturverzeichnis

Ahtiainen, J. (2006). *Neuromuscular, hormonal and molecular responses to heavy resistance training in strength trained men.* Academic dissertation. Faculty of sports and health sciences of the university of Jyväskylä.

Asmussen, E., Boje, O. (1945). *Body temperature and capacity for work.* Acta Physiol Scand. 10: 1-22

Carter, N.D., Khan, K.M., Petit, M.A., Heinonen, A., Waterman, C., Donaldson, M.G., Janssen, P.A., Mallinson, A., Riddell, L., Kruse, K., Prior, J. C., Flicker, L., Mc Kay, H. A. (2001). Results of a 10 week community based strength and balance training programme to reduce fall risk factors: a randomised controlled trial in 65-75 year old women with osteoporosis. *British journal of sports medicine*, 35 (5), 51-348.

Eifler, C. (2000). *Krafttraining nach der ILB- Methode – Eine Empirische Überprüfung der Trainingseffekte bei Anfängern und Fortgeschrittenen.* Diplomarbeit. Universität des Saarlandes, Saarbrücken.

Fröböse, I. (1996). *Isokinetisches Training in Sport und Therapie. Steuerung des Trainingsaufbaus nach Sport- Unfallverletzungen* (2.Aufl.). Sankt Augustin: Academia.

Fröböse, I., Nellessen, G. & Wilke, C. (Hrsg.). (2003). *Training in der Therapie. Grundlagen und Praxis* (2. Aufl.). München: Urban & Fischer.

Gallagher, D., Heymsfield, S. B., Heo, M., Jebb, S. A., Murgatroyd, P. R., Sakamoto , Y. (2000). Healthy percentage body fat ranges: an approach for developing guidelines based on body mass index. *The american journal of clinical nutrition.* 72 (3), 694-701.

Geiger, L. (2003). *Gesundheitstraining. Biologische und medizinische Zusammenhänge. Gezielte Bewegungsprogramme zur Prävention.* München: BLV.

Güllich, A. & Schmidtbleicher, D. (1999). Struktur der Kraftfähigkeiten und ihrer Trainingsmethoden. *Deutsche Zeitschrift für Sportmedizin*, 50 (7/8), 223-234.

Kempf, H.-D. & Strack, A. (2001). *Der Hantel-Krafttrainer*. Reinbek bei Hamburg: Rowohlt. 40-41.

Kraemer, W. J. & Fry, A. C. (1995). Strength testing: development and evaluation of methodology. In P. J. Maud & C. Foster (Hrsg.), *Physiological assessment of human fitness* (S. 115-138). Champaign/Ill.: Human Kinetics.

Kraemer, W. J. & Ratamess, N. A. (2004). Fundamentals of Resistance Training: Progression and Exercise Prescription. *Medicine & Science in Sports & Exercise, 36* (4), 674-688.

Mosti, Mats P.; Kaehler, Nils; Stunes, Astrid K.; Hoff, Jan; Syversen, Unni (2013). Strength Training in Postmenopausal women with Osteoporosis or Osteopenia. *Journal of Strength and Conditioning Research*, 27 (10), 2879–2886.

Mancia, G., Fagard, R., Narkiewicz, K., Redon, J., Zanchetti, A., Böhm, M. et al. (2013). 2013 ESH/ESC Guidelines for the management of arterial hypertension. The Task Force for the management of aterial hypertension of the European Society of Hypertension (ESH) and of the European Society of Cardiology (ESC). *European Heart Journal, 34*, 2159-2219.

Prestes, J., De Lima, C., Frollini, A. B., Donatto, F. F. & Conte, M. (2009). Comparison of linear and reverse linear periodization effects on maximal strength and body composition. Journal of Strength and Conditioning Research, 23 (1), 266-274.

Rupp, J. (2019). Krafttraining für Frauen. *fitness MANAGEMENT international* (4), 112-114

Weineck, J. (2003). *Ausdauertraining. Trainingssteuerung über die Herzfrequenz- und Milchsäurebestimmung*. Ballingen: Spitta.Wirth, J., Aatzor, K. R. & Schmidtbleicher, D. (2007). Veränderungen der Muskelmasse in Abhängigkeit von Trainingshäufigkeit und Leistungsniveau. *Deutsche Zeitschrift für Sportmedizin, 58* (6), 178-183.

7   Tabellenverzeichnis